date   /   /

date   /   /

date   /   /

date   /   /

date   /   /

date   /   /

date   /   /

date   /   /

date   /   /

date / /

date   /   /

date   /   /

date   /   /

date   /   /

date   /   /

date   /   /

date   /   /

date   /   /

date   /   /

date   /   /

date   /   /

date   /   /

date   /   /

date   /   /

date   /   /

date   /   /

date   /   /

date   /   /

date   /   /

date   /   /

date   /   /

date   /   /

date / /

date   /   /

date / /

date   /   /

date   /   /

date   /   /

date   /   /

date   /   /

date   /   /

date   /   /

date   /   /

date   /   /

date   /   /

date   /   /

date   /   /

date   /   /

date   /   /

date   /   /

date / /

date   /   /

date   /   /

date   /   /

date   /   /

date   /   /

date   /   /

date   /   /

date   /   /

date / /

date / /

date   /   /

date / /

date   /   /

date / /

date   /   /

date   /   /

date   /   /

date   /   /

date   /   /

date   /   /

date   /   /

date   /   /

date   /   /

date   /   /

date   /   /

date / /

date   /   /

date   /   /

date   /   /

date / /

date   /   /

date   /   /

date / /

date / /

date   /   /

date   /   /

date   /   /